WITZIGMANN & FREUNDE
EINFACH
GENIESSEN

Ein kulinarischer Lichtblick für jeden Tag

Impressum

Ein herzliches Dankeschön für die tatkräftige
Unterstützung geht an:

Rosemarie Ganslmaier

Christa und Dieter Heinritz

Dr. Udo Meckenstock-Benzino

und an alle, die mit Engagement und
Inspiration geholfen haben.

© REWE Verlag GmbH, 2013
www.rewe-group.com

Herausgeber:
Projekt Lichtblick GmbH
Balanstraße 45 | 81669 | München
www.lichtblick-sen.de

Text und Redaktion: Axel Spilcker, Uli Martin

Foodfotografie und Köcheportraits: Peter Fischer, München
Portrait Eckart Witzigmann und Lydia Staltner: Martin Ley
Portrait Alain Caparros: © REWE Group
Portrait Tim Mälzer: Matthias Haupt
Portrait Hans Jörg Bachmeier: Stephan Pick
Alle Schmuckfotos: eyekey-photo
Schmuckfoto Seite 75: fotolia

Layout, Satz und Umschlaggestaltung: Heide Blut, München

Korrektur: creactivteam, Schwindegg

Druck und Bindung: Peschke Druck, München

ISBN 978-3-920785-99-8

Liebe Genießer,

Mit dem Kauf dieses Kochbuches unterstützen Sie die Lichtblick Seniorenhilfe e.V.

Die zunehmende Altersarmut entwickelt sich zu einem der drängendsten Probleme unserer Gesellschaft. Ziel der Lichtblick Seniorenhilfe e.V. ist es, möglichst vielen bedürftigen Rentnerinnen und Rentnern, die aus finanziellen Gründen Not leiden müssen, schnell und unbürokratisch Hilfe und dauerhafte Unterstützung zu bieten.

Mehr dazu erfahren Sie unter www.lichtblick-sen.de.

Unser gemeinnütziger Verein wurde 2003 gegründet. Für sein Engagement wurde der Verein 2007 durch Bundeskanzlerin Angela Merkel im Rahmen des bundesweiten Wettbewerbs „Start Social" ausgezeichnet.

Ihre
Lydia Staltner
1. Vorstand der Lichtblick Seniorenhilfe e.V.

Mensch, Eckart Witzigmann!

Deutschland gehört zu den reichsten Ländern dieser Erde. Und dennoch kommen immer mehr Menschen mit ihrem schmalen Einkommen nicht mehr über die Runden. Seit geraumer Zeit wächst inmitten unserer Gesellschaft vor allem das Phänomen der Altersarmut. Ein Problem, dem der Verein Lichtblick Seniorenhilfe in München mit unbürokratischer Hilfe begegnet.

Die caritative Einrichtung unterstützt heute schon 4000 bedürftige Rentner – Tendenz steigend. Ein herausragendes soziales Engagement, das uns dazu bewogen hat, eine Partnerschaft mit dem Verein einzugehen. Als einer der bedeutendsten Handels- und Touristikkonzerne in Europa pflegen wir in der REWE Group eine ganz besondere Verantwortung für den Schutz der Umwelt, den fairen Umgang mit Mitarbeitern und Partnern sowie für unsere Gesellschaft insgesamt.

Das Ergebnis unserer Liaison liegt nun vor: Im Kochbuch „Einfach genießen – ein kulinarischer Lichtblick für jeden Tag" haben deutsche Spitzenköche unter Ihrer Ägide, Herr Witzigmann, aus einfachen Zutaten raffinierte Menüs kreiert. Kulinarische Sternstunden, die jedermann zu Hause leicht nachkochen kann. Und dies für einen guten Zweck: Denn von jedem verkauften Buch geht ein Euro an Lichtblick Seniorenhilfe e.V. – und damit an jene alten Menschen, die Not leiden.

Der Dalai Lama hat einmal bemerkt: „Widme dich der Liebe und der Kochkunst mit wagemutiger Sorglosigkeit."

Sie, Eckart Witzigmann, „Koch des Jahrhunderts", und Ihre Freunde zaubern ebenjenen philosophischen Zweiklang gekonnt auf den Teller. Sie sind Küchenkünstler, die jedes Heim in ein Sternerestaurant verwandeln. Einfach genießen und Gutes tun: Gibt's ein schöneres Rezept zum Glücklichsein, ja, zum Menschsein? Ich denke, nicht.

Herzlichst Ihr Alain Caparros

Lieber Alain Caparros,

höchster Ess-Genuss ist für mich das sinnliche Erleben eines Gerichts, das alle seine Komponenten perfekt miteinander harmonieren lässt. Zwei Dinge braucht ein guter Koch dafür: Produkte von Qualität und eine Zubereitungsart, die ihre besten Eigenschaften zu Tage fördert.

Meine Kollegen und ich haben versucht, genau diese Voraussetzungen zu erfüllen, als wir uns Gedanken über den Inhalt dieses Kochbuchs machten. Und wir haben uns noch eine weitere Aufgabe gestellt: Alle Gerichte sollen unkompliziert sein, aber gleichzeitig mit jenem raffinierten Pfiff überraschen, der wie das Salz in der Suppe ist. Die Rezepte in diesem Buch haben wir auch und besonders für Leser mit kleinem Haushaltsbudget erdacht und ausprobiert. Denn gutes Essen und gesunde Ernährung sollten nie eine Frage des Geldbeutels sein.

Besonders freuen wir uns, dass Sie persönlich mit der REWE Group unser Projekt gefördert, begleitet und möglich gemacht haben. Chapeau, Alain Caparross und REWE! Dafür sagen wir an dieser Stelle herzlich danke!

Auch im Namen von Lichtblick Seniorenhilfe e.V. in München. Seit 2003 unterstützt der gemeinnützige Verein ältere Mitbürger, die nicht auf der Sonnenseite unserer Gesellschaft leben. Sie können sich oft keine warme Mahlzeit leisten.

Wenn unser Buch ein Stück weit hilft, die Not armer alter Menschen zu lindern, dann ist viel erreicht. Da halte ich es mit Heinrich IV. Der französische König hatte einst jedem seiner Untertanen „ein Huhn im Topf" gewünscht. Soll heißen: Jedermann sollte nicht nur genug, sondern auch Gutes zu essen haben. Dem schließen meine Kollegen und ich uns aus vollem Herzen an.

Guten Appetit!
Ihr Eckart Witzigmann

Inhalt

Inhalt

Die Spitzenköche und ihre Rezepte

Eckart Witzigmann

Er ist der Mann der Superlative. Einer, der die Kochkunst zelebriert wie kaum ein anderer. Visionär und Pionier der Nouvelle Cuisine in Deutschland: Eckart Witzigmann, erster deutschsprachiger Küchenmeister, der in den 3-Sterne-Himmel aufstieg. 1994 ausgezeichnet durch den Gault Millau als „Koch des Jahrhunderts".

Der gebürtige Österreicher gilt als Initialzünder für das neue deutsche Kochwunder. Legendär seine kulinarischen Kreationen in den Münchner Restaurants „Tantris" und „Aubergine". Viele namhafte Könner wie Johann Lafer oder Hans Haas haben bei dem Maestro gelernt. Gekrönte Häupter wie Queen Elizabeth II oder König Carl-Gustav von Schweden zählen zu den Bewunderern seiner Küche.

Bei allem Ruhm und Ehre ist Witzigmann immer bodenständig geblieben. Inzwischen berät der Altmeister Nobel-Lokale in ganz Europa. Zudem ist er Autor Dutzender Küchenwerke und Herausgeber des Feinschmecker-Magazins „Apero". Wenn Eckart Witzigmann heute selbst am Herd steht, wird meist gekocht wie bei Muttern: „Ohne viel Chichi", verrät der Professor der Cusine h.c.: „Ich mag einfach genießen."

Eckart Witzigmann |
Wagmüllerstr. 16 | 80538 München
www.eckart-witzigmann.de

Linsensalat
mit geräuchertem Saiblingsfilet

Zutaten für 4 Personen

Linsensalat:

100 g über Nacht eingeweichte
Berglinsen

½ kleingewürfelte weiße Zwiebel

½ kleingewürfelte Karotte

4 geputzte kleine Stangen
Staudensellerie (das Gelbe vom
Sellerieherz)

2 EL Balsamessig

Salz, schwarzer Pfeffer aus der Mühle

3 EL Olivenöl

½ TL mittelscharfer Senf

1 EL Zucker

4 mild geräucherte Saiblingsfilets à 100 g

2 mittelgroße Lauchstangen

4 in dünne Scheiben geschnittene Radieschen

1 EL Schnittlauchröllchen

Linsensalat: Linsen mit Zwiebel, Karotten und Sellerie im Einweichwasser ohne Salz circa 20 Minuten weich kochen, abgießen. Sellerie entfernen. Balsamessig mit Salz verrühren, Olivenöl, Senf und Pfeffer hinzufügen. Die Vinaigrette mit den Linsen mischen.
Saiblingsfilets der Länge nach halbieren.
Lauchstangen putzen, kurz in kochendem Wasser blanchieren und dann in Eiswasser abschrecken. Halbieren. Von der grünen Seite her fächerartig einschneiden.

Wer möchte kann etwas gekochte, gewürfelte rote Bete dazu servieren, frisch geriebenen Meerrettich darüberstreuen und mit Feldsalat und etwas Zierkresse ausgarnieren.

Linsensalat als Spiegel auf den Tellern anrichten. Je zwei Saiblingsfilets auf den Teller legen und die Radieschenscheiben sowie die Lauchstangen anlegen.

Mit Schnittlauchröllchen garnieren.

Möhren-Trauben-Salat
mit roten Zwiebeln und Ziegenfrischkäse-Nocken

Zutaten für 4 Personen

Ziegenfrischkäse-Nocken:
200 g Ziegenfrischkäse
⅛ l Sahne
1 Blatt Gelatine
Schale von einer halben (Bio-)Zitrone
Salz
Muskat

Möhren-Trauben-Salat:
600 g Möhren
Salz
2 geschälte Orangen
2 Passionsfrüchte
Saft von einer halben Limette
6 Korianderkörner
½ TL Kümmel
1 Msp. Curry
1 Msp. getrocknete, zerstoßene Chilischote

5 EL Sonnenblumenöl
1 Prise Zucker
Pfeffer aus der Mühle
100 g helle kernlose Trauben
8 Kopfsalat- oder Römersalatblätter (Romanasalat)

80 g rote Zwiebel, in Ringe geschnitten
Kerbelblättchen zum Verzieren

Als Alternative können können Sie auch zwei Crottins de Chavignol (frz. Ziegenkäse), quer halbieren. Einen EL Öl in einer beschichteten Pfanne erhitzen. Käse-medaillons von beiden Seiten kurz braten.

Ziegenfrischkäse-Nocken: Die Gelatine in kaltem Wasser einweichen. Sahne erwärmen. Die Gelatine in der Sahne auflösen. Den Ziegenfrischkäse mit der Sahne-Gelatine-Mischung verrühren. Die Zitronenschale dazugeben und mit Salz und Muskat abschmecken. Die Mischung zwei Stunden lang kalt stellen.

Möhren-Trauben-Salat: Inzwischen die Möhren schälen, in kochendem Salzwasser etwa zehn Minuten garen. Herausnehmen und abkühlen lassen. Die Möhren in Scheiben, einen halben Zentimeter dick, schneiden. Orangenfilets herausschneiden, dabei die weiße Haut entfernen und den Saft auffangen. Die Passionsfrüchte halbieren. Das Fruchtfleisch mit einem Löffel auslösen und durch ein feines Sieb in eine Schüssel streichen. Limetten- und Orangensaft zugeben. Koriander und Kümmel in einem Mörser zerstoßen. Den Curry und die Chilischote in die Saftmischung geben. 4 EL Öl einrühren. Mit Salz, Zucker und Pfeffer abschmecken. Trauben waschen, abziehen. Mit den Orangenfilets in die Saftvinaigrette geben. Salatblätter waschen, gut abtropfen lassen.

Salatblätter auf Teller verteilen und mit Möhrenscheiben belegen. Trauben zufügen, die Vinaigrette aufträufeln und mit Zwiebelringen belegen. Den Frischkäse zu Nocken abstechen und auf den Tellern anrichten. Pfeffer grob drübermahlen, alles mit Kerbelblättchen verzieren.

Spaghetti mit Tomaten-Basilikumsauce und Scampi

Zutaten für 4 Personen

400 g vollreife Tomaten
oder 400 g Tomatenstücke
aus der Dose (etwas
abtropfen lassen)
2 Schalotten
1 kleine Knoblauchzehe
1 kleiner Peperoncino
8 EL Olivenöl

Salz,
frisch gemahlener schwarzer Pfeffer
1 Prise Zucker
12 schwarze kleine Oliven,
entkernt, halbiert
12 mittelgroße Scampi
1 kleiner Bund Basilikum
320 g Spaghetti

Die Sauce: Die Tomaten blanchieren, häuten, halbieren und entkernen. Die Hälften in kleine Würfel schneiden. Schalotten und Knoblauch schälen, den Peperoncino halbieren und entkernen, alles fein schneiden. Olivenöl erhitzen und die Schalotten- und Knoblauchwürfel glasig dünsten. Tomatenwürfel zugeben und so lange köcheln lassen, bis die Flüssigkeit der Tomaten fast völlig verdampft ist. Den gehackten Peperoncino zugeben, mit Salz, Pfeffer und Zucker würzen.

Die Spaghetti in reichlich Salzwasser al dente kochen.

Die Scampi bis auf das letzte Schwanzdrittel aus den Schalen brechen, kurz auf beiden Seiten in etwas Olivenöl anbraten, in die Sauce geben und nur wenige Minuten ziehen lassen.

Statt der Scampi lassen sich nach Belieben andere Krebstiere (z. B. Garnelen, Tiger Prawns) verwenden (TK-Ware vorher auftauen).

Die Basilikumblätter abzupfen und zuletzt mit den Oliven unter die Sauce mischen.

Spaghetti in die Tomatensauce geben und kräftig durchschwenken. Auf vorgewärmten Tellern anrichten und die Scampi drauflegen. Mit kleinen Basilikumblättern garnieren.

Kartoffel-Kohlrabigratin

Vegetarier können den Schinken weglassen und den Gruyère mit etwas Parmesan vermischen.

Zutaten für 4 Personen

1 mittelgroßer Kohlrabi
1 mehlige Kartoffel (mittelgroß)
¼ l Milch
100 ml Sahne
100 g gekochter, geräucherter Schinken, in schmale Streifen geschnitten
50 g Gruyère-Käse
100 g Mascarpone

1 Eigelb
Salz, Pfeffer, Muskat
100 g Champignons
1 EL Kartoffelmehl
250 g Blattspinat, geputzt (wahlweise auch TK-Ware oder Mangold)
1 Schalotte, fein geschnitten
1 Knoblauchzehe, gehackt
30 g Butter

Den Ofen auf 200 Grad (keine Umluft) vorheizen. Den Kohlrabi und die Kartoffel schälen. Jeweils in ganz dünne Scheiben schneiden. Die Milch in einem Topf mit etwas Wasser und Salz, Pfeffer und Muskat langsam aufkochen. Zuerst den Kohlrabi in der Milch bissfest kochen und mit einem Schaumlöffel herausnehmen. Anschließend die Kartoffel genauso bissfest garen. Die Scheiben mit einem feuchten Küchentuch abdecken und beiseite stellen. Die Kochmilch auffangen.

Den Spinat in kochendem Salzwasser kurz blanchieren, in eiskaltem Wasser abschrecken und danach die Flüssigkeit auspressen. Die Champignons in dünne Scheiben schneiden und in etwas Öl kräftig anbraten. Mit Salz und Pfeffer würzen und auf einem Küchenkrepp beiseite stellen.

Die Hälfte der Butter aufschäumen. Knoblauch und Zwiebel leicht anschwitzen. Den Spinat dazugeben, kurz einkochen lassen, dann salzen, pfeffern und mit Muskat abschmecken. Die aufgefangene Kochmilch durch ein Sieb passieren. Sahne und Eigelb in die Milch geben. Das Kartoffelmehl hinzufügen und verrühren. Den Mascarpone in die Milch geben und ebenfalls vermengen.

Eine Auflaufform mit etwas Butter ausstreichen und die Hälfte der Schinkenstreifen, Kartoffeln, Kohlrabi, Champignons und Blattspinat verteilen. Etwas Gruyère darüberstreuen und die Milch-Mascarpone-Mischung darübergießen. Nun mit der zweiten Schicht genauso verfahren. Die Kartoffelscheiben sollten den Abschluss bilden. Zuletzt den Rest der Milch-Mascarpone-Mischung obendrauf schütten und mit dem restlichen Gruyère bestreuen. Die übrige Butter in Flocken über das Gratin geben.
Die Auflaufform in den vorgeheizten Backofen geben und circa 45 Minuten lang backen. Das Gratin vor dem Servieren noch circa 10 Minuten bei offenem Backofen ruhen lassen.

Kalbskotelett mit Chicorée

Zutaten für 4 Personen

4 Kalbskoteletts à ca. 200 g
20 g Butter
1 EL Olivenöl
1 Prise Salz mit einer Messerspitze
Paprikapulver mischen
etwas Mehl
2 Chicorée-Kolben
1 EL Puderzucker

20 g Butter
etwas Zitronensaft
Salz, weißer Pfeffer
aus der Mühle
½ dl Sahne
circa 10 frische
Estragonblätter, gehackt

Chicorée: Die äußeren Blätter entfernen, die Strunkansätze kugelförmig herausschneiden, den Kolben in einzelne Blätter zerlegen. In kaltem Zitronenwasser rasch durchwaschen, auf einem Küchentuch abtropfen lassen. Die Butter in der Pfanne erhitzen, die Chicorée-Blätter einlegen, mit dem Puderzucker bestäuben und leicht Farbe nehmen lassen. Salzen, pfeffern, mit etwas Zitronensaft beträufeln und knackig dünsten. Mit der flüssigen Sahne ablöschen, den gehackten Estragon beigeben, sämig aufkochen und abschmecken.

Koteletts: Die Sehnen leicht einschneiden, das Fleisch nicht zu fest klopfen. Mit dem Paprikasalz bestreuen und auf einer Seite mehlieren (überschüssiges Mehl abschütteln). Die Butter in einer Pfanne mit dickem Boden hellbraun aufschäumen lassen, die Koteletts mit der mehligen Seite zuerst einlegen und zirka 4 – 5 Minuten langsam anbraten. Wenden und nochmals 4 Minuten fertig rosa braten, dabei mit der Bratenbutter mehrfach übergießen. Etwa 5 Minuten ruhen lassen.

Die Chicoréeblätter in der Sauce auf heißen Tellern arrangieren, die Kalbskoteletts platzieren und mit dem ausgetretenen Bratensaft beträufeln. Eventuell etwas kalte Butter einschwenken.

Beim Chicorée auf's Aussehen achten: Haben die Blätter grüne Spitzen oder Ränder, können sie bitter sein.

Gedämpfter Kabeljau
Kapern, Gurken, Tomaten

Zutaten für 4 Personen

Gemüse:

200 ml Tomatenfond (aus dem Glas)

100 g Salatgurke ohne
Kerngehäuse, fein gewürfelt

100 g Tomaten ohne Kern-
gehäuse, fein gewürfelt

4 Kirschtomaten,
gewaschen und halbiert

100 g Kapern

1 El Olivenöl

Kabeljau:

4 Kabeljaufilets à 150 g

geriebene Schale
einer halben (Bio-)Zitrone

1 kleiner Zweig Thymian

1 EL Meersalz

4 EL braune Butter
(Nussbutter)

Frisches Basilikum

Salz, etwas Piment d'Espelette
(preiswerte Alternative: etwas
geschrotete getrocknete Chili,
vosichtig dosieren!)

Den Tomatenfond erwärmen, die Gurken, die Kirschtomaten mit den
Tomatenvierteln sowie die Kapern dazugeben und 15 Minuten lauwarm ziehen lassen.
Mit Salz und Piment abschmecken.

In einem Topf mit Dampfeinsatz den Boden gut mit Wasser bedecken. Einen Thymianzweig,
die Schale von einer halben Zitrone und einen EL Meersalz dazugeben und aufkochen lassen.
Dann die Herdplatte auf ganz niedrige Temperatur herunterschalten.
Die Kabeljaufilets salzen, in den Topf legen und den Deckel verschließen.
Den Fisch 8 bis 10 Minuten ziehen lassen.

Den Kabeljau aus dem Einsatz nehmen, in einen tiefen Teller geben.
Mit der braunen Butter marinieren und mit dem Gemüse nappieren.
Den Tomatenfond mit Olivenöl verrühren und über den Fisch geben.
Mit den Basilikumblättern garnieren.

Wer keinen Dampfkoch-
topf besitzt, kann auch
den zuvor leicht gesalze-
nen Kabeljau in einem mit
Butter ausgestrichenen
Topf, zusammen mit
Schalotten, Weisswein,
Zitronensaft und etwas
Wasser im Ofen garen.

Geschmorte Lammhaxe

Zutaten für 4 Personen

Haxen:

ein großer gusseiserner Topf

4 Lammhaxen (z. B. beim türkischen Metzger erhältlich)

100 g weiße Zwiebeln

1 mittelgroße Karotte

3 EL Olivenöl

20 g Butter

1 EL Mehl

1 Bouquet garni (Kräuterstrauß) gebunden aus gewaschenen Petersilienstängeln und Thymianzweig

Staudensellerie, gewaschen

2 Lorbeerblätter

4 Knoblauchzehen

1 Dose geschälte Tomaten (auf 400 g einkochen)

100 g Butter

Salz, Meersalz

Pfeffer aus der Mühle

1 Prise Zucker

2 EL glatte Petersilie

Bohnen:

je 100 g gelbe und grüne Bohnen

1 El Butter

Salz, Pfeffer

Muskat

1 Lorbeerblatt,

1 Thymian- und

1 Rosmarinzweig

Die Haxen mit Salz und Pfeffer würzen. Olivenöl und Butter hell aufschäumen lassen, die Haxen einlegen und bei großer Hitze von allen Seiten braun anbraten. Zwiebel- und Karottenwürfel beigeben. Mit einem Holzlöffel umrühren und bei sachter Hitze etwa fünf Minuten goldgelb anschwitzen. Danach den Topf schief halten und einen großen Teil Fett abschöpfen.
Über den restlichen Topfinhalt Mehl stäuben und unter Umrühren zwei Minuten goldbraun werden lassen. Knoblauchzehen schälen, halbieren und andrücken. Kräutersträußchen, Lorbeerblätter, Knoblauch, die eingekochten Dosentomaten beigeben, knapp mit Wasser bedecken. Alles zum Aufkochen bringen und mit Meersalz nebst Pfeffer aus der Mühle würzen.
Den Topf abdecken und mit mittlerer Hitze 1 ½ Stunden fertig garen. Die Haxen herausnehmen, warm stellen und die Sauce noch ein wenig einkochen.

Die Bohnen im letzten Moment in kochendem Salzwasser blanchieren, abschütten und in kaltem Wasser abschrecken. In einem Topf etwas Butter aufschäumen und die Bohnen darin durchschwenken. Mit Salz, Pfeffer und Muskat abschmecken.

Jeweils eine Lammhaxe auf einem Teller anrichten. Die Bohnen dazulegen und die Haxe mit der Sauce nappieren.

Den Rosmarin- sowie den Thymianzweig mit dem Lorbeerblatt umwickeln und in den Knochen stecken.

Schulter vom Jungschwein
mit Schalotten, kleinen Kartoffeln und Krautsalat

Zutaten für 4 Personen

Schweinebraten:

ca. 1,5 kg Schulter vom Jungschwein

Salz, Pfeffer aus der Mühle

1 EL Kümmel, fein gehackt

12 kleine Kartoffeln, halbiert (z. B. Grenaille)

4 Schalotten, ungeschält

8 Schaschlikzwiebeln oder Perlzwiebeln, geschält

1 ganze Knoblauchknolle, halbiert

0,4 l dunkles Weißbier

1 EL Pflanzenöl oder Schweinefett

Krautsalat:

1 Spitzkohl

50 g durchwachsener Speck

1 Zwiebel

1 EL Kümmel, gehackt

2 EL Obstessig

3 EL Pflanzenöl

Pfeffer, Salz

Um etwas mehr Sauce zu erhalten, können Sie gerne noch klein gehackte Schweineknochen (ca. 300 g) und -schwänzchen mitschmoren.

Schweinebraten: In einen Topf Wasser geben, dass der Boden gut bedeckt ist. Die Schweineschulter mit der Schwarte nach unten einlegen, Wasser zum Kochen bringen, die Schwarte darin 10 Minuten leicht kochen lassen. Herausnehmen und die Schwarte rautenförmig einschneiden. Den Braten rundum mit Knoblauch und Kümmel einreiben, mit Salz und Pfeffer würzen. Pflanzenöl oder Schweinefett in einen Bräter geben, Schalotten mit Schale im Bräter verteilen und den Braten in den bei 180 Grad vorgeheizten Ofen schieben. Die Schulter stets mit etwas Bratensaft ablöschen, übergießen, wenn notwendig noch etwas Wasser mit angießen.
Nach einer Stunde die Schulter mit der Schwarte nach oben umdrehen. Die ungeschälten und halbierten Schalotten dazugeben. Die Kartoffeln samt Knoblauch und die Zwiebeln ebenfalls hinzufügen. Die Schulter wieder ins Rohr schieben. Nach 30 weiteren Minuten den Bratensatz nach und nach mit Bier ablöschen und den Braten immer wieder mit dem Saft übergießen. Zum Schluß die Schwarte mit einer spitzen Nadel anstechen und im Rohr unter dem Grill knusprig braten. Zum Servieren die Schulter tranchieren und die Kartoffeln und Zwiebeln auf vier Teller verteilen.

Krautsalat: Spitzkohl vierteln (Strunk herausschneiden) und in feine Streifen schneiden. Das Kraut einsalzen, etwas stehen lassen und durch ein Sieb Flüssigkeit ausdrücken. Den Speck in der Pfanne glasig anbraten und mit fein gehackten Zwiebeln anschwitzen. Mit Salz, Zucker, gehacktem Kümmel und frischem Pfeffer, Obstessig, Pflanzenöl abschmecken und noch warm über das Kraut gießen. Eine Stunde ziehen lassen, danach abschmecken und etwas nachwürzen.

Kastanienschmarrn
mit Apfel in Grenadinesirup

Zutaten für 4 Personen

Eine gusseiserne
Pfanne, ø 28 cm

Apfel in Grenadinesirup:

1 säuerlicher Apfel
(z. B. Granny Smith
oder Elstar)
200 ml Apfelsaft
3 EL Grenadinesirup
1 Zimtstange

Kastanienschmarrn:

100 g küchenfertige Esskastanien
(gibt es vorgegart und vakuum-
verpackt im Handel)
150 ml Kefir Carpe Diem
(Holundersaftgetränk mit Kefir-
Kulturen, im Handel oder
Reformhaus erhältlich)
Saft von 1 Orange
1 – 3 EL Grand Marnier

100 g Kastanien- oder Maronenmehl
(im Reformhaus erhältlich)
25 g Kristallzucker, 1 Päckchen Vanillezucker
⅛ l Milch
20 g zerlassene Butter, leicht braun
2 EL Kirschwasser
4 Eigelb, 4 Eiweiß
2 EL Kristallzucker, 1 Prise Salz
60 g Tafelbutter, 1 Prise Zimt

Apfel in Grenadinesirup: Den Apfel in dünne Scheiben und feine Würfel schneiden. Die Stücke in einen Topf geben und mit Apfelsaft und Grenadinesirup bedecken, Zimtstange einlegen. Die Apfelstücke bei mittlerer Hitze weich kochen. Apfel und Zimtstange aus dem Sud nehmen. Die Flüssigkeit auf etwa 4 EL einkochen. Apfelscheiben und -würfel mit Apfel-Grenadinesud übergießen und beiseite stellen.

Kastanienschmarrn: Butter in einem kleinen Topf hell aufschäumen lassen, die Kastanienstücke zugeben, etwas anbraten, mit Orangensaft ablöschen. Mit Kefir auffüllen und langsam weich kochen. Den Sud völlig einköcheln lassen und zum Schluss den Grand Marnier zugeben.

Die Eier in Dotter und Klar trennen, kalt stellen. Das Maronenmehl, eine Prise Salz, Kristall- und Vanillezucker mit Milch glatt rühren, die zerlassene braune Butter und dann Kirschwasser hinzufügen. Die Eigelbe locker einrühren. Das Eiweiß mit einer Prise Salz und 2 EL Kristallzucker mit einem Handmixer steif schlagen. Zuerst ein Drittel und danach den Rest rasch unter die Masse heben.

Zum Schluss etwas Butter in der Pfanne hell aufschäumen, darauf die karamel-lisierten Kastanien verteilen, mit der Masse bedecken und langsam auf einer Seite anbacken. Nach etwa zehn Minuten vierteln, wenden und mit zwei Gabeln zerpflücken. Wenn nötig, Butter beigeben, mit vermischtem Kristallzucker, Vanille-zucker und der Prise Zimt bestreuen und rasch karamellisieren. Nach weiteren zehn Minuten sollte der Kastanienschmarrn fertig sein.

Die Teigstücke mit Puderzucker bestäuben. Auf warme Teller verteilen und mit Apfelstücken garnieren. Dazu passt eine Nocke geschlagener Sahne mit etwas Honig vermischt.

Am besten den Teig ohne Eiweiß rühren, mit Klarsichtfolie abdecken und eine halbe Stunde ruhen lassen. Erst danach steif schlagen.

Schokohupf mit Schlagsahne

Zutaten für 4 Personen

Schokohupf:

4 Soufflé-Förmchen (etwa 8 cm ø)

Butter und Zucker zum Ausbuttern

70 g dunkle Kuvertüre

70 g weiche Butter

80 g Zucker, 1 Prise Salz

6 Eigelbe

1 cl Rum (80-prozentig)

6 Eiweiß

40 g geröstete, geschälte und geriebene Mandeln

Schokoladensauce:

100 g dunkle Kuvertüre

50 g Vollmilchkuvertüre

⅛ l Milch

100 ml Sahne

Mark von 1 Vanilleschote

75 g weiche Butter

evtl. 1 cl Cognac, Rum oder Grand Marnier

250 g halbsteif geschlagene Sahne

Statt Schokoladensauce kann man auch Vanillesauce zum Schokohupf servieren. Sie können auch kandierte Orangenstreifen zum Garnieren drüberstreuen.
Wer Unterhitze und Oberhitze hat, sollte den Ofen auf 250 Grad Unterhitze und 80 Grad Oberhitze einstellen.

Schokohupf: Den Backofen auf circa 200 Grad vorheizen (keine Umluft). Die gehackte Kuvertüre im warmen Wasserbad schmelzen und auf Körpertemperatur abkühlen lassen. Ein tiefes Backblech mit Küchenpapier auslegen und so viel Wasser einfüllen, bis die Förmchen später zu einem Drittel im Wasserbad stehen. Die Förmchen ausbuttern, mit Zucker ausstreuen und in den Kühlschrank stellen. Butter schaumig schlagen und die Eigelbe einzeln dazugeben, dann die Kuvertüre und den Rum unterrühren. Eiweiß mit Salz und einem Drittel des Zuckers langsam steif schlagen. Nach und nach den restlichen Zucker einrieseln lassen. Zum Schluss kurz auf höchster Stufe mit dem Handmixer die Masse durchschlagen, damit der cremige Eischnee an Volumen gewinnt. Ein Drittel des Eischnees unter die Schokoladenmasse rühren, anschließend den Rest locker und gleichmäßig unterheben. Zum Schluss die Mandeln vorsichtig unterziehen.
Das Wasserbad auf eine Herdplatte stellen und zum Kochen bringen. Inzwischen die Formen gut zur Hälfte mit der Soufflé-Masse füllen und ins Wasserbad setzen. Im heißen Backofen 20 Minuten garen. Aus dem Backofen nehmen und kurz stehen lassen.

Für die Schokoladensauce die Kuvertüre klein hacken. Milch und Sahne mit dem Mark der aufgeschlitzten Vanilleschote aufkochen, zur Kuvertüre geben und diese sorgfältig unter Rühren auflösen. Die weiche Butter in einer Schüssel aufschlagen. Die warme Kuvertüre-Milch-Mischung unter Rühren in die Butter einlaufen lassen.
Die warme Schokoladensauce auf vier Teller verteilen, je einen Schokohupf darauf stürzen und einen Esslöffel halb aufgeschlagene Sahne darübergeben.

Hans Jörg Bachmeier

Mit Ex-und-hopp- und hektischer To-go-Mentalität in der Gastronomie kann Hans Jörg Bachmeier wenig anfangen. Der Witzigmann-Schüler, beliebter TV-Koch im bayerischen Fernsehen, verfolgt eine ganz klare Linie, wenn es um seine Philosophie geht: „Fantasie, Zeit – und gute Produkte. Wer diese drei Zutaten zu Hause hat, kann auch gut kochen."

Als kleiner Bub hat Bachmeier in der elterlichen Restaurantküche im niederbayerischen Eggenfelden das Gemüse geschnippelt und den Salat geputzt. Heute, 40 Jahre später, zählt er zur kleinen, feinen Garde der Münchner Spitzenköche. Seit 2004 setzt der Küchen-Purist in seinem Spitzenrestaurant „Blauer Bock" in München lukullische Ausrufezeichen.

Mit Grandezza inszeniert Bachmeier eine raffinierte Mischung aus bayerischer und mediterraner Küche. Dabei steht die Liebe zu regionalen Zutaten im Vordergrund – und der Respekt vor dem Produkt. Das wird immer möglichst natürlich zubereitet, um den vollen Eigengeschmack herauszubringen. „Denn dann", so sein Credo, „machst du die Gäste mit gutem Essen glücklich."

Hans Jörg Bachmeier | Restaurant Blauer Bock
Sebastiansplatz 9 | 80331 München
www.restaurant-blauerbock.de

Weiße Bohnensuppe
mit Paprika-Chorizo-Toast

Zutaten für 4 Personen

Bohnensuppe:

300 g weiße Canellini-Bohnen

1 Bouquet garni
(1 Lorbeerblatt, 1 Karotte, 1 Staudensellerie)

1 geschälte halbe Zwiebel

2 EL Olivenöl

50 g geräucherter Bauchspeck,
in eine Scheibe geschnitten

1 kleiner Zweig Rosmarin

Salz, Pfeffer, Cayennepfeffer

Paprika-Chorizo-Toast:

1 gelbe Paprika und
1 rote Paprika,
jeweils in kleine Würfel geschnitten

120 g Chorizo,
in kleine Würfel geschnitten

4 Stücke weißes Toastbrot,
in dünne Rechtecke geschnitten

Basilikum als Garnitur

1 EL Olivenöl

Bohnensuppe: Die weißen Bohnen über Nacht in Wasser einweichen. Abschütten, den Topf mit Wasser auffüllen, bis die Bohnen gut bedeckt sind. Mit dem Bouquet garni eine gute Stunde bei mittlerer Temperatur weich kochen (Wasser nicht salzen). Danach die Bohnen mit dem Kochwasser fein mixen. Bei Bedarf noch etwas Wasser dazugeben.

Das Olivenöl in einem anderen Topf erhitzen, den Bauchspeck im Ganzen nebst Rosmarin dazugeben und mit der Bohnensuppe ablöschen. Die Suppe noch einmal kurz köcheln lassen und mit Salz, Pfeffer und Cayennepfeffer abschmecken. Die Suppe passieren und ein wenig aufmixen.

Das übrig gebliebene Öl aus der Paprikapfanne über die Suppe träufeln.

Paprika-Chorizo-Toast: In einer Teflonpfanne das Olivenöl erhitzen. Die Brotstücke auf beiden Seiten anbraten, herausnehmen und auf Küchenkrepp legen. Die Paprikawürfel mit der Chorizo in der Pfanne anschwitzen, beiseite stellen und lauwarm halten.

Die Suppe aufmixen und in einem tiefen Teller anrichten. Den Chorizo-Paprika-Mix auf dem Toast verteilen, mit Basilikum garnieren und zu der Suppe reichen.

Gebackener Goldbarsch
Fenchel, Orangenmayonnaise

Für die Mayonnaise
alle Zutaten
Zimmertemperatur
annehmen lassen.

Zutaten für 4 Personen

4 Goldbarschfilets zu je 150 g

Backteig und Fisch:
150 g Mehl
150 ml Weißwein
3 Eigelb, 3 Eiweiß
50 g geschmolzene Butter
Meersalz
Zitrone
Pflanzenfett zum Ausbacken

Fenchel:
2 Fenchelknollen
2 unbehandelte
(Bio-)Orangen
etwas Meersalz
1 EL Olivenöl

Orangenmayonnaise:
1 Eigelb
1 Ei
1 EL Senf
200 ml Pflanzenöl
Salz
Zucker
Cayennepfeffer

Den Fenchel putzen, waschen und achteln, den harten Strunk entfernen. Die Orangen heiß waschen und trocken reiben. Die äußere Schale abschälen und in feine Streifen schneiden. Die Orange auspressen und den Saft in einem Saucentopf auf ein Drittel reduzieren.
1 EL Olivenöl erhitzen, den Fenchel dazugeben und auf beiden Seiten bei mittlerer Hitze hell anbraten. Die Orangenschale hinzufügen und mit Meersalz würzen. Danach mit etwas Orangensaft ablöschen und den Fenchel zugedeckt bei schwacher Hitze etwa 15 Minuten weich schmoren.

Orangenmayonnaise: Das Eigelb mit Ei, Senf und den Gewürzen in einen hohen Rührbecher geben und mit dem Stabmixer verrühren. Das Öl in einem dünnen Strahl untermixen, bis die Mayonnaise gebunden ist. Kühl stellen. Danach den restlichen Orangensaft unterrühren.

Backteig: Das Mehl durch ein feines Sieb in eine Schüssel geben. Weißwein hinzufügen. Eigelb und Butter einrühren. Das Eiweiß cremig steif schlagen und unter die Masse heben. Mit Salz abschmecken. Das Pflanzenfett in einem Topf erhitzen. Den Fisch salzen und leicht in Mehl wälzen. Die Filets im Ausbackteig wenden und vorsichtig im heißen Pflanzenfett ausbacken. Auf ein Küchentuch legen und mit Meersalz und Zitrone würzen.

Den Fenchel auf einem vorgewärmten Teller anrichten. Den Goldbarsch darauflegen. Die Mayonnaise auf den Teller geben und mit den Orangenschalen dekorieren.

Milchreis mit Zwetschgen-Crumble

Zutaten für 4 Personen

Milchreis:
125 g Rundkornreis (Milchreis)
45 g Zucker
½ l Milch
½ abgeriebene Schale einer
unbehandelten (Bio-)Zitrone
1 Stange Zimt
½ Vanillestange
20 g Butter
25 g geschlagene Sahne
etwas Zimtzucker

Zwetschgenröster:
500 g entsteinte
Zwetschgen
150 g Zucker
Saft und Schale einer
halben (Bio-)Zitrone
½ Zimtstange
½ Vanillestange

Crumble:
5 EL Butter (100 g)
150 g Mehl
50 g gemahlene Mandeln
3 EL brauner Zucker (50 g)
1 TL Zimtpulver
Butter und Zucker für
die Form

Milchreis: Den Reis circa 5 Minuten in kochendem Wasser blanchieren. Die Milch samt Zimt- und Vanillestange sowie der abgeriebenen Zitronenschale erwärmen, nicht kochen. Den Reis zugeben und 25 Minuten sieden lassen. Die Hitze heraufsetzen und die Butter unterrühren. Die Masse in eine Schüssel geben und etwa 20 Minuten auskühlen lassen. Die Gewürze aus dem Milchreis nehmen und die geschlagene Sahne unterheben.

Zwetschgenröster: Zwetschgen in einen Bräter geben. Mit Zucker und Zitronensaft vermengen. Zimt- und Vanillestange sowie Zitronenschale dazugeben. Den Bräter mit Alufolie dicht verschließen und bei 120 Grad mindestens 40 Minuten im Backofen garen. Zitronenschale, Zimt- und Vanillestange entfernen.

Crumble: Kalte Butter in Würfel schneiden. Mit Mehl, gemahlenen Mandeln, braunem Zucker und Zimt in eine Schüssel geben. Die Mischung mit den Händen zu Streuseln reiben. Eine feuerfeste Auflaufform ausbuttern, mit etwas Zucker ausstreuen. Die Hälfte der Zwetschgen in die Form geben. Die Streusel drüberstreuen. Den Crumble 30 Minuten bei 200 Grad backen, dann weitere 30 Minuten bei 150 Grad. Danach etwas Puderzucker obendrauf streuen.

Den Milchreis ausstechen und auf einem großen Teller anrichten. Mit Zimtzucker bestreuen. Etwas von dem Zwetschgen-Röster zugeben und den Crumble daneben anrichten.

Alle Zutaten entfalten Aroma und Geschmacksnoten am besten, wenn man das Dessert lauwarm serviert.

Klaus Erfort

Flapsig formuliert, könnte man sagen: Sterne pflastern seinen Weg. Im Feinschmecker-Eldorado Baiersbronn im Schwarzwald verdiente sich Klaus Erfort seine ersten Meriten: erst als Chef-Saucier bei Claus-Peter Lumpp im Restaurant „Bareiss", dann als Chef Tournant bei Harald Wohlfahrt in der „Schwarzwaldstube".

Als verantwortlicher Küchenchef holte er seinen ersten Stern für das Restaurant „Orangerie" im Parkhotel Gengenbach in Völklingen, dann erkochte er die gleiche Auszeichnung für das Restaurant „Imperial" im Schlosshotel Bühlerhöhe bei Baden-Baden. Zurück in seiner Heimatstadt Saarbrücken, adelte er sein eigenes Restaurant „Gästehaus Erfort" mit der Höchstnote von drei Michelin-Sternen.

„Die Wahrheit liegt auf dem Teller" ist das Credo seiner puristisch-eleganten Küche, die mit der bewussten Beschränkung auf wenige, aber ideal harmonierende Aromen und Texturen auch superkritische Gourmets aus dem nahen Frankreich begeistert.

Klaus Erfort | Gästehaus Klaus Erfort
Mainzer Straße 95 | 66121 Saarbrücken
www.gaestehaus-erfort.de

Eigelb-Ravioli auf Rahmspinat mit sautierten Pilzen

Zutaten für 4 Personen

Nudelteig:
250 g Mehl
50 g Dunstmehl bzw. Feingrieß
2 Eier
2 Eigelbe
½ TL Salz
1 EL Olivenöl
4 Eier

Spinat:
300 g Spinat (außerhalb der Saison Blattspinat TK)
1 EL braune Butter (geschmolzen und unter Rühren gebräunt)
2 EL geschlagene Sahne

Pilze und Sauce:
100 ml Kalbsjus
100 ml reduzierter Rinderfond
Butter, 1 EL Butterschmalz
150 g frische Steinpilze (oder mittelgroße Champignons)
etwas Schnittlauch, in kleine Röllchen geschnitten

Nudelteig: Mehl und Dunstmehl in eine große Schüssel sieben. Eine Mulde bilden, darin die Eigelbe und die Eier geben, Salz und Olivenöl zugeben. Alles zunächst mit einer Gabel vorsichtig verrühren, dann nach und nach das Mehl vom Innenrand einarbeiten. Mit beiden Handflächen das Mehl von außen darüberschieben, alles vorsichtig kneten. Weiter kneten, bis die Masse geschmeidig ist (bei Bedarf etwas Wasser zugeben). In Frischhaltefolie wickeln und etwa zwei Stunden im Kühlschrank ruhen lassen. Den Nudelteig sehr dünn ausrollen. Die Eigelbe der vier Eier darin mit viel Fingerspitzengefühl einpacken, ohne das Eigelb zu beschädigen, und runde Ravioli von etwa sechs Zentimeter Durchmesser ausstechen. Die Ravioli in siedendem Salzwasser etwa eine Minute pochieren.

Spinat: Putzen, blanchieren, gut abtropfen lassen und mit der braunen Butter fein mixen. Mit geschlagener Sahne, Salz, Pfeffer und Muskat abschmecken.

Nur ganz frische Eier verwenden. Sie erkennt man (abgesehen vom Datum auf der Verpackung) so: In einem mit Salzwasser gefüllten Gefäß gehen sie unter und bleiben auf dem Boden liegen.

Pilze: Putzen, in nicht zu dünne Scheiben schneiden und in Butterschmalz bei hoher Temperatur anbraten. Erst zum Schluss salzen. Den Rinderfond mit der Butter und etwas Sahne aufmontieren.
Den Spinat auf einem Teller anrichten, die Ravioli in die Mitte setzen. Mit der Sauce beträufeln und zum Schluss die Pilze darauf verteilen.

Kalbsbäckchen, in Spätburgunder
geschmort, auf Kartoffelpüree

Statt Kalbsbäckchen lassen sich auch die etwas deftigeren (und preiswerteren) Ochsenbäckchen verwenden.

Zutaten für 4 Personen

Kalbsbäckchen:
100 g Butterschmalz
4 Kalbsbäckchen (beim Metzger vorbestellen)
300 g gewürfeltes Wurzelgemüse (Zwiebel, Karotten, Sellerie)
Salz, Pfeffer aus der Mühle
½ l Kalbsfond
2 EL Tomatenmark

1 Flasche Rotwein, am besten Spätburgunder
Balsamico
einige Stängel Thymian
zwei kleine Knoblauchzehen
ein paar Blätter Kapuzinerkresse zum Garnieren (oder eine Hand voll Kerbel)
50 g Butter

Pfifferlinge:
300 g Pfifferlinge
2 EL Olivenöl • Salz

Kartoffelpüree:
500 g mehlig kochende Kartoffeln
Salz 200 ml Milch
50 g Butter
Muskatnuss

Glasierte Möhren:
etwa 400 g junge, kleine Möhren (mit Grün)
50 g Butter
40 g Zucker
⅛ l Wasser
1 TL Salz
1 EL Butter

Kalbsbäckchen: Kalbsbäckchen mit Salz und Pfeffer würzen. In Butterschmalz von allen Seiten kräftig anbraten. Wurzelgemüse hinzufügen und mit anrösten. Tomatenmark zugeben, anschwitzen lassen, mit dem Wein ablöschen, Knoblauch und Thymian zugeben und im vorgeheizten Backofen bei 180 Grad ca. zwei Stunden weich schmoren. Wenn nötig, mit dem Kalbsfond auffüllen. Bäckchen herausnehmen, warm stellen und den Schmorfond durch ein Sieb passieren. Mit Küchenkrepp entfetten und um ein Drittel einkochen lassen. Mit Salz, Pfeffer und Balsamico abschmecken und, wenn nötig, die Sauce mit der Butter binden.

Kartoffelpüree: Kartoffeln schälen, in Stücke schneiden und etwa 20 Minuten in Salzwasser kochen. Milch mit der Butter, Muskatnuss und Salz erhitzen. Kartoffeln abdämpfen; durch eine Kartoffelpresse in die Milch drücken oder mit einem Kartoffelstampfer zerdrücken und vorsichtig umrühren.

Möhren: Das Grün abschneiden, zwei Zentimeter davon stehen lassen. Möhren unter fließendem Wasser abbürsten oder schaben. In einem breiten Topf die Butter erhitzen, den Zucker darin karamellisieren lassen. Möhren einlegen, Wasser zugeben, bis sie gerade mit Flüssigkeit bedeckt sind. Salzen, einmal aufkochen lassen und zugedeckt auf kleiner Flamme langsam dünsten. Kochflüssigkeit bei Bedarf weiter einkochen lassen. Butter hinzufügen, alles gut mischen.

Pfifferlinge: Putzen und bei mittlerer Hitze garen, erst zum Schluss salzen.

Das Kartoffelpüree in der Tellermitte als Sockel anrichten. Kalbsbäckchen aufschneiden und auflegen. Pfifferlinge und Möhren rundum verteilen, Sauce angießen und mit Kapuzinerkresse oder Kerbel garnieren.

Holunderblütensüppchen
mit Himbeeren und Erdbeersorbet

Zutaten für 4 Personen

Süppchen:

7 – 8 Rispen Holunderblüten
(am besten selbst im Frühsommer
sammeln)
400 ml Cidre
50 ml Limonensaft
50 ml Orangensaft
1 Vanilleschote
200 g Zucker
4 Blatt Gelatine
10 cl trockener Sekt (Piccolo!)

1 Schälchen frische Himbeeren
frische Minzeblätter

Erdbeersorbet:

500 g frische Erdbeeren, im Mixer püriert
oder durch ein Sieb gedrückt
120 ml Wasser
120 g Zucker
50 g Glukosesirup

Sorbet: Sirup, Wasser und Zucker aufkochen und mit dem Erdbeerpüree mischen. In eine flache Schale füllen und für vier Stunden in das Gefrierfach stellen. Alle 30 Minuten gut durchrühren (am besten mit dem Stabmixer).

Süppchen: Cidre zusammen mit den Holunderblüten aufkochen und etwa 15 Minuten ziehen lassen. Mit den Säften, Zucker und dem Mark der Vanilleschote abschmecken und passieren. Gelatine in wenig Holunderblütenfond auflösen und in das Süppchen einrühren.

Das Süppchen mit dem Sekt aufmixen, auf Suppenteller verteilen. Das Erdbeersorbet in die Tellermitte platzieren, Süppchen mit Himbeeren und Minze garnieren.

Glukosesirup wird aus Stärke gewonnen und besteht vor allem aus Traubenzucker. Man findet ihn in Reformhäusern und in den Reformregalen von Supermärkten.

Hans Haas

Mit elf half er zum ersten Mal in der Küche des Gast-hofs „Kellerwirt", in seinem Geburtsort Wildschönau in Tirol. Weil er sich geschickt anstellte, behielt ihn die Chefin gleich da. „So bin ich", erzählt Hans Haas im „Zeit"-Interview, „in den Kochberuf hineingerutscht."

Gottlob, möchte man sagen, denn sonst wäre der Bub vielleicht ein erfolgreicher Skirennläufer geworden (sein zweites großes Talent!), aber die Gäste der Münchner Gourmet-Oase „Tantris", das der heute 57-Jährige seit 22 Jahren souverän in der absoluten Spitzengruppe der deutschen Restaurants hält, hätten niemals Köstlichkeiten wie seinen bretonischen Hummer mit Blumenkohl oder die leicht geräucherte Taubenbrust mit Entenleber kennen gelernt.

Der Verzicht auf jegliche Effekthascherei eint sein Auf-treten und seine Tellerkreationen: Das Einfache, so seine Überzeugung, ist oft das Schwierigste.

Die Zeit als Souschef von Eckart Witzigmann in den achtziger Jahren in der Münchner „Aubergine" prägte Hans Haas wohl am meisten: „Ein super Chef. Sehr streng, aber man hat einfach so viel gelernt."

Hans Haas | Restaurant Tantris
Johann-Fichte-Str. 7 | 80805 München
www.tantris.de

Austernpilze im Röstimantel auf Schnittlauchsauce

Zutaten für 4 Personen

Pilze:
10 große Austernpilze
Salz, weißer Pfeffer
aus der Mühle
Zitronensaft
3 große Kartoffeln
(vorwiegend festkochend)
Fett zum Ausbacken

Schnittlauchsauce:
100 g Naturjoghurt
100 g saure Sahne
etwas Zitronensaft
Cayennepfeffer, Salz
1 Bund Schnittlauch,
in sehr feine Röllchen gehackt

Pilze: Austernpilze putzen und mit einem Tuch abreiben. Die Pilze halbieren und mit Salz, Pfeffer und Zitronensaft würzen.

Die Kartoffeln schälen und der Länge nach mit einem Hobel in dünne Scheiben, diese dann mit dem Messer in feine, ganz schmale Streifen (Julienne) schneiden. Mit etwas Salz und Pfeffer würzen und gut ausdrücken. Portionsweise zu dünnen Fladen auf einem Küchentuch ausbreiten, die Pilzhälften darauflegen und mit Kartoffelstreifen bedecken. Mit Hilfe des Tuchs gut andrücken und in reichlich Fett goldgelb ausbacken. Abfetten lassen, eventuell etwas nachsalzen und mit der Schnittlauchsauce anrichten.

Schnittlauchsauce: Die saure Sahne mit dem Joghurt und dann mit dem Zitronensaft verrühren. Mit Cayennepfeffer und Salz pikant abschmecken. Den Schnittlauch erst direkt vor dem Servieren untermischen.

Das Gericht lässt sich auch mit (nicht zu kleinen) Champignons oder Parasolpilzen zubereiten. Der Parasol (auch Schirmpilz oder Schirmling) ist ein guter Speisepilz, der immer ganz frisch verwendet werden sollte.

Gefüllte Ofenkartoffel mit Forelle

Zutaten für 4 Personen

Ofenkartoffeln:

4 große, festkochende
Kartoffeln

2–3 EL Butter

Salz

Forelle:

4 Forellenfilets von je 100 g

Salz, Zitronensaft

Butter zum Einfetten

1 EL feine Salatgurkenwürfel

100 g saure Sahne

70 g Crème fraîche

35 g geriebener Meerrettich
aus dem Glas

1 EL geschlagene Sahne

Salz, Cayennepfeffer, Zitronensaft

1–2 TL Schnittlauch, in sehr feinen Röllchen

4 schöne, große Kartoffelchips

Kartoffel: Waschen und einzeln mit etwas Butter und Salz in Alufolie einwickeln. Nebeneinander auf einem Blech auf die untere Schiene des auf 200 Grad vorgeheizten Ofens schieben und in 45–50 Minuten weich garen.

Die Kartoffeln auswickeln, kurz ausdampfen lassen, seitlich anschneiden und mit dem Kugelausstecher oder einem Löffel vorsichtig aushöhlen. Das Kartoffelinnere warm halten und leicht salzen.

Füllung: Die Forellenfilets häuten und entgräten. Mit Salz und Zitronensaft leicht würzen und nebeneinander in eine gefettete feuerfeste Form legen. Die übrige Butter schmelzen und die Forellenfilets damit bestreichen. Die Form mit Klarsichtfolie luftdicht verschließen und die Filets in 12–15 Minuten auf der unteren Schiene des auf 80 Grad vorgeheizten Ofens garen.

Die Gurkenwürfel in sprudelnd kochendem, gesalzenem Wasser 1 Minute blanchieren und sofort in Eiswasser abschrecken. Sehr gut abtropfen lassen.

Saure Sahne mit Crème fraîche und Meerrettich verrühren, die geschlagene Sahne darunterheben und die Meerrettichsahne pikant mit Salz, Cayennepfeffer und Zitronensaft abschmecken.

Wichtig ist, dass die Kartoffeln tatsächlich gar und weich sind. Das lässt sich am besten mit einem Holzspießchen kontrollieren.

Die Forellenfilets in mundgerechte Stücke brechen und mit den Gurkenwürfeln und Kartoffelstücken unter die Meerrettichsahne heben. Den Schnittlauch zufügen und die warmen Kartoffeln damit füllen. Die Kartoffeln mit seitlich angelegten Kartoffelchips servieren.

Grießknödel mit Marillenragout

Zutaten für 4 Personen

Grießknödel:
500 g Milch • 120 g Butter
20 g Zucker • 20 g Vanillezucker
Mark einer Vanilleschote
1 Prise Salz
125 g Grieß • 2 Eier
Schale einer halben Zitrone
(Bio, heiß abgewaschen)
Briochebrösel mit gehackten
Walnüssen, geröstet und
mit Zimt abgeschmeckt

Marillenragout:
60 g Zucker
200 ml Champagner oder Sekt
(brut oder extra dry, Piccolo)
400 ml Moscato d'Asti
(Dessertwein aus dem Piemont,
ersatzweise weißer Traubensaft)
3 cl trockener Weißwein
12 kleine vollreife Marillen (Aprikosen)
Mark einer Vanilleschote
2 cl Aprikosenlikör

Grießknödel: Die Milch mit Butter, Zucker, Vanillezucker, Vanillemark und Salz aufkochen. Den Grieß unter Rühren einrieseln lassen und die Masse bei milder Hitze „abbrennen" (so lange rühren, bis die Flüssigkeit verdampft ist und die Masse sich vom Topfboden löst). In eine Schüssel umfüllen und kurz ruhen lassen. Nacheinander die Eier und die abgeriebene Zitronenschale unterrühren. Noch einmal gut durchrühren, mit Folie abdecken und für zwei Stunden in den Kühlschrank stellen.
In einem großen Topf reichlich Wasser, Salz und Zucker aufkochen. Aus der Masse Knödel formen, ins kochende Wasser geben und in leicht siedendem Wasser zwölf Minuten pochieren. Herausnehmen, in den Briochebröseln wälzen, mit Puderzucker bestäuben.

Für das Marillenragout den Zucker goldgelb karamellisieren lassen. Nach und nach mit Champagner (oder Sekt) ablöschen, dann den Moscato d'Asti (bzw. Traubensaft) und den Weißwein zufügen und aufkochen lassen. zwei Marillen zerschneiden, entsteinen, hineingeben und leise köcheln lassen, bis sie sehr weich sind. Den Fond mit den Marillenstücken durch ein Sieb drücken, das Vanillemark zufügen und den Fond abkühlen lassen. Dann den Aprikosenlikör daruntermischen.
Die übrigen Marillen in kochendem Wasser blanchieren, eiskalt abschrecken und häuten. Nach Wunsch halbieren oder vierteln, in den Fond einlegen und mindestens zwei Stunden zugedeckt ziehen lassen.
Ragout und Grießknödel auf einem Teller anrichten und servieren.

Als gebürtiger Tiroler benutzt Hans Haas den österreichischen Begriff für Aprikosen: Marillen. Gute reife Ware erkennt man an der samtigen straffen Haut ohne Grünstich.

Kleine Kräuterkunde

Sie sind eine grüne Wundertüte, die jedes Gericht geschmacklich steuert, sie sind der Köche liebstes Kind: Kräuter. Ein Kräuterstrauß ist purer Naturgenuss.

Frisch sollten sie sein, damit sie mit ihren vollen Aromen die Speisen veredeln, sie zum kulinarischen Höhepunkt bringen.

Kraut ist aber beileibe nicht Kraut. Jedes würzende Gewächs hat seine Eigenarten, bei der Hege und Pflege genauso wie beim Einsatz am Herd. Manche Ingredienzien kann man gleich zu Beginn in den Kochtopf geben, andere sollten erst am Schluss den rechten Pfiff liefern. Manche sind zickig, manche sind kreuzbrav. Unsere Spitzenköche verraten für die gängigsten sechs Küchenkräuter nützliche Tipps – fürs Kochen und für die Hege und Pflege zu Hause.

Petersilie

Ein robustes Kraut, sehr Vitamin-C-haltig.
Die Petersilie liebt schweren, gut gedüngten
Boden. Sie wächst sehr gut in sonnigen Lagen,
aber auch im Halbschatten. Man unterscheidet
zwei Sorten: die mooskrause Blattpetersilie,
deren Blätter eher zum Garnieren genommen
werden, und die Wurzelpetersilie, die mit ihren glatten
Blättern besser zum Würzen geeignet ist. Wichtig:
Petersilienblätter sollten nie mitgekocht werden.

Schnittlauch

Die feine Lauchvariante. Mag es sonnig bis halbschattig,
braucht schwere, nährstoffreiche Böden und
ausreichend Wasser. Schnittlauch schmeckt milder
und frischer als Zwiebeln. Passt zu
Salaten, Quark, Dips, Mayonnaise oder
Fischgerichten. Die grünen Stängel
eignen sich übrigens auch zum Einfrieren.
So behalten sie ihren Geschmack.

Thymian

Im Süden so gut wie unverzichtbar. Passt zu Lamm,
Schwein oder Rind, aber auch zu Fisch und vegetarischen
Gerichten. Sein kräftiger Geschmack entwickelt sich vor
allem bei hohen Temperaturen. Deshalb wird der Thymian
auch schon früh in der Kochphase zugegeben.
Thymiansträuche bevorzugen einen sonnigen,
windgeschützten Platz. Sie können auch
eine Trockenphase vertragen, werden sie aber
lange nicht gewässert, gehen sie ein.

Dill

Keine Gurke ohne Dill, kein Lachshäppchen, kein Schollenmenü ohne die filigrane Würzpflanze. Petersilie, Knoblauch, Zwiebeln und Zitrone passen hervorragend zu dem Gurkenkraut. Das aus Zentralasien stammende Gewächs ist ein echter Verdauungshelfer, regt den Appetit an und sorgt für ruhigen Schlaf. Juni bis November sind die Erntemonate des Doldenblütlers, der einen sonnigen und warmen Standort liebt.

Basilikum

Absoluter Küchenhit. Ob beim Pesto Genovese, einem Mozzarella Caprese oder als Garnitur, das sogenannte Königskraut darf in der italienischen Küche nicht fehlen. Allerdings ist das sensible Gewürz nur für die letzten Kochminuten geeignet, sonst wird es matschig und verliert seinen Geschmack. Basilikum mag sonnige, warme Standorte, braucht viel Wasser. Ein Tipp für Topfpflanzen: Das Basilikum von unten gießen!

Rosmarin

Der Allrounder nicht nur in der mediterranen Küche. Ob Lamm, Rind, Fisch oder Pilze, die frischen Nadeln des bis zu einem Meter hoch wachsenden Strauches verleihen den Gerichten eine ganz besondere Note. Allerdings raten unsere Spitzenköche zum vorsichtigen Umgang mit dem geschmacksintensiven Kraut. Rosmarin kann zu jeder Garzeit eingesetzt werden. Das Würzkraut ist frostempfindlich, liebt Sonne und lockere Erde. Es sollte an einem hellen Ort im Haus überwintern.

Johann Lafer

Zur Entspannung geht der Mann in die Luft. Zwischen Himmel und Erde, wenn er im eigenen Helikopter Gäste zum Gourmetpicknick an spektakuläre Plätze hoch über dem Rheintal pilotiert, findet der vielbeschäftigte Johann Lafer „die Balance zwischen Körper, Geist und Seele".

Der Bauernsohn aus der Steiermark, einer der prominentesten Küchenstars in Deutschland, ist seit 2002 Hubschrauberpilot und seit 1973 Koch. Dass er sich auf seinen Stationen in diversen Top-Restaurants einen legendären Ruf als Süßspeisen-Spezialist erwarb – u. a. als Chefpatissier in Eckart Witzigmanns dreifach besternter „Aubergine" –, hinderte ihn nicht daran, sein begnadetes Talent auch in allen anderen Küchendisziplinen einzusetzen. Das Ergebnis waren zwei Sterne für das „Le Val d'Or" in Guldental, in dem er im Duett mit Ehefrau Silvia Gäste und Gastrokritiker begeisterte. Heute ist das Restaurant in das gastronomische Gesamtkunstwerk der Lafer'schen Stromburg im Städtchen Stromberg bei Bad Kreuznach eingebettet – inklusive Kochschule, Foto- und TV-Studio.

Ein soziales Sendungsbewusstsein zeigt der TV-Darling nicht nur durch das Engagement für dieses Buch: Auch das Projekt „food@ucation", das gesunde und nachhaltige Verpflegung für Schüler fördert, ist ihm außerordentlich wichtig.

Johann Lafer | Le Val d'Or
in Johann Lafers Stromburg | 55442 Stromberg
www.johannlafer.de

Karottensuppe mit Ingwer

Zutaten für 6 Personen

2 Schalotten
20 g frischer Ingwer
400 g Karotten
1 EL Rapsöl
1–2 TL Zucker
700 ml kräftige Gemüsebrühe

Salz
Pfeffer
Saft von ½ Zitrone
30 g Butter
evtl. Karotten- und Lauchstreifen

Die Schalotten, den Ingwer und die Karotten schälen. Alles in dünne Scheiben schneiden und circa zwei Minuten farblos in heißem Öl anschwitzen. Gemüse mit Zucker bestreuen und dieses leicht karamellisieren lassen, dann die Brühe dazugießen.

Die Suppe bei mittlerer Hitze zugedeckt etwa 20 Minuten leicht köcheln lassen. Danach alles mit einem Mixstab fein pürieren.

Karottensuppe durch ein feines Sieb streichen und mit Salz, Pfeffer sowie etwas Zitronensaft würzig abschmecken. Butter zufügen, Suppe schaumig aufmixen und in kleine Gläser verteilen.

Nach Belieben kann man die Suppe noch mit frittierten Karotten- und Lauchstreifen garnieren.

Beim Einkauf darauf achten, dass der Ingwer wirklich frisch ist. Eine schrumpelige Schale deutet auf faseriges, trockenes Fruchtfleisch hin.

Gebratener Zander
auf Paprikakraut mit Rieslingschaum

Zutaten für 4 Personen

2 rote Paprikaschoten
400 ml Gemüsebrühe
1 Zwiebel
2 EL Schmalz
2 EL Zucker
400 g Sauerkraut
1 EL Paprikapulver, edelsüß
2 EL Paprikamark (Ajvar)

100 g Butter
2 Schalotten
3 EL Rapsöl
150 ml Riesling
300 ml Fischfond
150 ml Sahne
2 EL geschlagene Sahne

4 Zanderfilets,
mit Haut, ohne Gräten,
à ca. 150 g
Salz, Pfeffer
2 Thymianzweige
2 Knoblauchzehen,
angedrückt

Paprikakraut: Die Paprika halbieren, entkernen und in grobe Stücke teilen. Diese zusammen mit der Gemüsebrühe in einen Mixer geben und sehr fein pürieren. Den Saft aus dem dickflüssigen Paprikagemisch durch ein Küchentuch in einen Topf pressen. Die Zwiebel schälen, in dünne Streifen schneiden und in heißem Schmalz anschwitzen. Mit Zucker bestreuen, Zwiebeln etwas karamellisieren. Das Sauerkraut zufügen und kurz mitkochen. Paprikapulver untermischen. Paprikasaft dazugießen, Kraut unter gelegentlichem Umrühren bei mittlerer Hitze etwa 20 Minuten köcheln lassen. Inzwischen Schalotten schälen, würfeln und in 1 EL Öl anschwitzen. Mit Riesling oder anderem Weißwein ablöschen, Fischfond und Sahne dazugießen und alles offen um die Hälfte einkochen lassen. Sauce mit Salz und Pfeffer würzen.

Die **Zanderfilets** salzen und pfeffern. Knoblauchzehen ungeschält mit dem Messer ein wenig andrücken und samt Fisch im restlichen Öl mit dem Thymian in eine beschichtete Pfanne geben. Die Filets auf jeder Seite etwa fünf Minuten braten. Den Zander im 80 Grad heißen Ofen warm halten.

Die Hälfte der Butter und das Paprikamark unter das Kraut rühren, mit Salz, Pfeffer abschmecken und mit dem gebratenen Zander anrichten. Restliche Butter und geschlagene Sahne zur Rieslingsaucee geben, schaumig mixen und um das Kraut verteilen.

Petersilienstängel kurz im heißen Öl frittieren und den Teller damit garnieren.

Panna Cotta

Zutaten für 4 Personen

3 Blatt weiße Gelatine
400 ml Schlagsahne
1 Zimtstange
2 EL Zucker

Die Gelatine fünf Minuten in kaltem Wasser einweichen. Die Sahne zusammen mit der Zimtstange in einen Topf geben. Den Zucker zufügen und aufkochen. Bei milder Hitze fünf Minuten köcheln lassen. Die Zimtsahne durch ein feines Sieb in eine Schüssel gießen.

Die Gelatine aus dem Wasser nehmen und gut ausdrücken.
In der heißen Zimtsahne auflösen.

Die Sahnemischung in der Schüssel auf Eiswasser unter Rühren abkühlen lassen, bis sie leicht dicklich wird. Die Mischung in vier kalt ausgespülte Portionsförmchen füllen und für mindestens drei bis vier Stunden kalt stellen und danach servieren.

Dazu passt ein Obstkompott oder eine Grütze aus Früchten und z. B. ein Crumble aus zerkleinerten Keksen.

Zum Stürzen den Boden der Förmchen einige Sekunden in heißes Wasser tauchen. Die Ränder mit einem dünnen Messer vorsichtig lösen und die Panna Cotta auf die Teller gleiten lassen.

Tim Mälzer

Sein Restaurant hat er „Bullerei" getauft, eine Anspielung auf den Begriff Küchenbulle, aber wohl auch an das eigene Auftreten: kein Drumherumreden, kein Firlefanz. Tim Mälzer spricht die Menschen immer direkt an – in Fernsehshows, in seinen Bühnenprogrammen („Ham'se noch Hack?") und mit den Gerichten in seinen zahlreichen Büchern. Der Satz „Schmeckt nicht, gibt's nicht" ist sein eigenes Credo und mehr als nur Titel einer seiner bisherigen Kochsendungen.

Der Elmshorner Junge riskierte schon früh den Blick über den Tellerrand und veredelte seine Koch-Ausbildung im legendären Londoner Hotel Ritz. Als talentierter Entertainer mit besten TV-Quoten und ausverkauften Hallen hat er es wie wohl kein anderer in Deutschland geschafft, Kochen populär zu machen und vielen Novizen küchentechnisches Selbstvertrauen zu schenken.

Seine besondere Liebe gilt den norddeutschen Klassikern, und deshalb kommt in seiner „Bullerei" neben italienisch beeinflusster Leckerschmecker-Küche auch immer Traditionelles wie zarte Matjes oder ein saftiger Schweinebauch mit Spitzkohl auf den blank gescheuerten Holztisch.

Tim Mälzer | Bullerei
Lagerstraße 34b | 20357 Hamburg
www.bullerei.com

Umzugssuppe

Zutaten für 4 – 6 Personen

250 g rote Zwiebeln
2 EL Rosenpaprika
2 EL Tomatenmark
900 g Sauerkraut
150 ml Weißwein
1,5 l Gemüsebrühe (gekörnt, aus dem Glas, in warmem Wasser aufgelöst)
2 Lorbeerblätter
2 schwarze Pfefferkörner

1 TL Majoran, gehackt oder getrocknet
275 g Bratwurstmasse aus Thüringer Bratwürsten (Hackmasse aus dem Darm)
400 g Tomaten (Konserve, abgetropft)
2 TL saure Sahne
Salz, Pfeffer, Olivenöl
100 g Nudeln (z. B. Fusilli)

Die Zwiebeln pellen und in feine Würfel schneiden. In einem Topf mit dem Lorbeer und dem Olivenöl anschwitzen und mit Paprikapulver und Tomatenmark vermischen. Die Dosentomaten dazugeben. Das Sauerkraut in den Topf geben und eine Minute mit anschwitzen. Den Weißwein angießen und vollständig einkochen lassen. Die Brühe angießen und zum Kochen bringen. Pfefferkörner und Majoran dazugeben und bei mittlerer Hitze 15 Minuten kochen.

Am Ende der Garzeit die Bratwurstmasse zu kleinen Klößchen abstechen und vorsichtig in die kochende Suppe geben. Die Nudeln dazugeben und alles bei milder Hitze gar ziehen lassen. Mit Salz und Pfeffer würzen.

Zum Schluss mit der sauren Sahne servieren.

Keine Vorurteile gegenüber Dosentomaten! Sie sind in der Regel viel aromatischer als frische Produkte – und preiswert.

Hühnerfrikassee

Zutaten für 4 Personen

1 Zwiebel
4 Hähnchenkeulen (à 350 g)
3 Lorbeerblätter
½ TL schwarze Pfefferkörner
5 Wacholderbeeren
3 Nelken
Salz
100 ml Weißwein
500 g weißer Spargel (geht auch TK)
250 g grüner Spargel (geht auch TK)

Zucker
150 g kleine Champignons
2 EL Butter (30 g)
2 EL Mehl (30 g)
50 ml Schlagsahne
Cayennepfeffer
1 Spritzer Zitronensaft
¼ Bund glatte Petersilie
50 g TK Erbsen
1 Tomate, enthäutet und entkernt,
in Würfel geschnitten

Zwiebel halbieren und die Schnittflächen in einer mit Alufolie ausgelegten Pfanne dunkelbraun rösten. Zusammen mit den Hähnchenkeulen, Lorbeerblättern, Pfefferkörnern, Wacholderbeeren, Nelken, Salz, Weißwein und 1,5 l Wasser in einen Topf geben und zugedeckt bei milder Hitze langsam zum Kochen bringen, dann 30 Minuten bei milder Hitze sieden.

Inzwischen den weißen Spargel schälen und die trockenen Enden abschneiden. Grünen Spargel waschen, nicht schälen. Die trockenen Enden abschneiden. Spargel in zwei cm große Stücke schneiden. In kochendem, mit Zucker und Salz gewürztem Wasser zwei bis vier Minuten blanchieren. Abgießen, abschrecken und abtropfen lassen. Champignons putzen.

Hähnchenkeulen aus der Brühe nehmen und lauwarm abkühlen lassen. Hähnchenkeulen häuten, das Fleisch von den Knochen lösen und grob zerzupfen. Die Brühe durch ein Sieb gießen, zurück in den Topf geben und aufkochen. Butter in einem Topf schmelzen. Mehl unterrühren und aufschäumen. Circa 600 ml Brühe zugießen, aufkochen. Erbsen, Sahne und Champignons zugeben und fünf Minuten sanft kochen lassen. Spargel und Hähnchenfleisch zugeben und weitere acht bis zehn Minuten garen. Mit Salz, einer Prise Cayennepfeffer und Zitronensaft würzen.

Petersilienblätter fein hacken und kurz vor dem Servieren untermischen. Mit den Tomatenwürfeln garnieren und mit Reis als Beilage servieren.

> Zu diesem Gericht passen – als Alternative zum Reis – auch die guten alten Salzkartoffeln sehr gut.

Becherkuchen

Zutaten für 4 Personen

1 Becher Schlagsahne (à 250 g)

1,5 Becher Zucker

1 Päckchen Vanillezucker

2 TL abgeriebene Orangenschale
(unbehandelt)

4 Eier (Klasse M)

2 Becher Mehl

1 Päckchen Backpulver

Fett für die Weckgläser

100 g Butter

4 EL Milch

100 g Haselnusskrokant

50 g Kuvertüre, geraspelt

4 Weckgläser à 360 ml

1 Becher Schlagsahne (250 g) halbsteif schlagen. Becher auswaschen und abtrocknen. Becher mit Zucker füllen, unter Schlagen mit dem Vanillezucker und 2 TL abgeriebener Orangenschale (unbehandelt) in die Sahne rieseln lassen. 4 Eier nacheinander gut unterrühren. 2 Becher Mehl, Schokoraspeln und das Backpulver gemischt unterrühren.

Teig gleichmäßig auf die 4 Weckgläser verteilen. Im vorgeheizten Ofen bei 180 Grad auf der mittleren Schiene circa 15 Min. vorbacken (Gas 3, Umluft 180 Grad). 100 g Butter, ½ Becher Zucker und 4 EL Milch aufkochen. 100 g Krokant zugeben, etwas abkühlen lassen. Auf dem Kuchen verteilen und weitere 12 – 14 Min. backen.

Dazu passt sehr gut Rote Grütze, aber auch ein leckeres Apfelmus (am besten aus Sorten mit einem höheren Säureanteil wie Boskop oder Cox Orange).

Nelson Müller

Beim Begriff „Soulfood" denkt man an afroamerikanische Südstaatenküche in den USA. Nelson Müller kommen dabei frisch geschabte Spätzle und selbst gezogenes Gemüse in den Sinn, saftiger Schmorbraten und Dampfnudeln – die Hausmannskost seiner Kindheit, die er im Schwäbischen verbrachte.

Heute präsentiert der Sternekoch in seinem Restaurant „Schote" in Essen Soulfood auf ganz eigene Art – eine hoch spannende Erlebnisküche, geprägt durch die Bodenständigkeit bester Produkte von Erzeugern etwa aus dem Bergischen Land, gleich südlich der Ruhrgebietsmetropole, doch auch mit Einsprengseln aus anderen Kulturen oft überraschend, aber immer aufs Köstlichste verbandelt.

Nelson Müller kocht, wie er ist: authentisch und emotional, professionell (seine Lehrjahre hat er bei diversen Sterneköchen absolviert) und sprudelnd kreativ. Das Multitalent liebt die Natur und das Wandern, ist in seiner knappen Freizeit auch Boxer und Handballer, Sänger und Musiker. Seinen Gästen bringt er übrigens gern mal ein Ständchen: Soulfood trifft auf Soulmusic ...

Nelson Müller | Restaurant Schote
Emmastraße 25 | 45130 Essen | Deutschland
www.restaurant-schote.de

Gebeizter bergischer Bachsaibling

mit Arabica-Orangenaromen, Reibekuchen und Honig-Senf-Sauce

Zutaten für 4 Personen

Bachsaibling:
500 g Saiblingsfilets
1 Sternanis
1 Zimtstange
je eine Messerspitze Kardamom und Koriander, gemahlen
Schalen einer Orange und einer Limette (Bio), kleingehackt
Zesten einer Orange (Bio)
5 g gemahlener Kaffee
1 Vanilleschote
4 TL Salz, 20 g Zucker

Reibekuchen:
2 große Kartoffeln (vorwiegend festkochend)
1 Schalotte
Salz, Pfeffer, Öl

Honig-Senf-Sauce:
125 g Zucker
125 g Honig
125 g Senf
400 ml Sonnenblumenöl
1 Bund Dill

Bachsaibling: Die Filets auf Gräten kontrollieren, die Haut abziehen. Für die Beize alle restlichen Zutaten in eine Küchenmaschine geben oder mörsern. Die Beize über die Filets verteilen und 24 Stunden im Kühlschrank ziehen lassen. Danach die Beize von den Filets abwaschen, die Filets trocken tupfen und in etwa drei Zentimeter breite Streifen schneiden.

Reibekuchen: Kartoffeln in eine große Schüssel reiben, mit Salz und wenig Pfeffer würzen. Warten, bis sich die Stärke abgesetzt hat. Das ausgetretene Wasser abschütten. Die Schalotte fein würfeln und mit der Kartoffelmasse vermengen. Reibekuchen portionsweise in der Pfanne ausbacken (sie müssen in Öl schwimmen). Danach auf Küchenpapier legen und abtropfen lassen.

Sauce: Zucker, Honig und Senf verrühren und das Öl langsam zugießen. Zuletzt den kleingeschnittenen Dill unterrühren.

Fertig ausgebackene und abgetropfte Reibekuchen bleiben auf dem Rost im Backofen bei 80 Grad (Umluft) knusprig. Bei größeren Mengen mit Backpapier abdecken und eine zweite Lage drauflegen.

Lackierte Maishuhnbrust
mit Bärlauchgraupen und Champignonrahm

Zutaten für 4 Personen

Maishuhnbrüste:
4 Hühnerbrüste, am besten
vom Maishuhn (pro Stück etwa 160 g
mit Knochen und Haut)
Salz, Pfeffer aus der Mühle, Öl

Lack:
500 ml Kalbsfond
100 ml Sojasauce
1 EL Tandooripaste
1 EL Honig
1 EL Speisestärke, in Rotwein aufgelöst

Bärlauchgraupen:
50 g Graupen
1 Schalotte • ¼ Sellerie
1 Lauchstange • 1 Möhre
1 EL Bärlauchpesto (Glas)
500 ml Geflügelbrühe
200 ml Weißwein
50 ml geschlagene Sahne
geriebener Parmesan nach Geschmack
etwas Schnittlauch, fein gehackt
Butter

Champignonrahm:
30 g Champignons,
blättrig geschnitten
2 Schalotten
4 cl Weißwein
4 cl Sherry
100 ml Brühe
200 ml Sahne
1 Bund Kerbel

Die Maishuhnbrüste beidseitig salzen und pfeffern. In einer Pfanne Öl erhitzen, Brüste darin zuerst auf der Hautseite kross braten, dann auf der Rückseite zwei Minuten braten. Fleisch aus der Pfanne nehmen, im Ofen bei 120 Grad 10 bis 15 Minuten weiter garen lassen. Dabei die Brüstchen mit dem Fett übergießen. **Für den Lack** den Kalbsfond um ein Drittel einkochen lassen, dann die anderen Zutaten dazugeben und noch etwas reduzieren. Mit Stärke abbinden und durch ein feines Sieb passieren.

Graupen: Die Schalotten fein würfeln und in Butter anschwitzen. Die Graupen dazugeben und mit Weißwein und Brühe ablöschen, mit Salz und Peffer würzen und fertig garen. Möhre, Sellerie und Lauch ebenfalls fein würfeln und kurz mitgaren. Mit Bärlauchpesto abschmecken und ggf. den Parmesan unterrühren. Zum Schluss mit Schnittlauch und etwas geschlagener Sahne verfeinern.

Champignonrahm: Schalotten und blättrige Pilze in der Butter anschwitzen. Mit dem Sherry ablöschen, etwas Fond, die Brühe und den Wein dazugeben dazugeben und alles auf die Hälfte einköcheln lassen. Mit Sahne auffüllen und kurz aufkochen lassen. Mit Salz und Pfeffer abschmecken und mit kleingeschnittenem Kerbel verfeinern.

Die Brüste auf der Hautseite kräftig mit dem Lack bepinseln. Im Backofen (unter dem Grill oder in Funktion „Oberhitze") zwei Minuten karamellisieren lassen.

Lässt sich solo servieren oder nach Belieben – wie es Nelson Müller macht – mit jungem Gemüse garnieren

Pumpernickelmousse mit Sommerbeeren-Ragout

Zutaten für 4 Personen

Mousse:
250 g weiße Kuvertüre
2 Eigelb
65 g Zucker
1 cl Rum
100 ml heiße Milch
2 Eiweiß
250 ml Sahne
2 Scheiben Pumpernickel

Beerenragout:
500 g frische Beeren nach Geschmack
(außerhalb der Saison auch TK-Ware)
200 ml Rotwein
200 g Zucker
2 EL Stärke
1 Nelke
1 Orangenscheibe

Mousse: Sahne steif schlagen und kalt stellen, ebenso die Eiweiße samt 50 g Zucker. Den Pumpernickel klein hacken und ggf. mit etwas Rum einweichen. Die Kuvertüre im Wasserbad auflösen.
Die Eigelbe mit dem Rum und 15 g Zucker über einem dampfenden Wasserbad warm aufschlagen, bis die Masse schaumig und dickflüssig ist. Vorsicht, das Wasserbad darf nicht kochen, sonst gerinnen die Eigelbe! Die heiße Milch in die aufgelöste Kuvertüre geben und glatt rühren. Dann auch die Eigelbmasse dazugeben und in einem kalten Wasserbad kalt schlagen. Wenn die Masse abgekühlt ist, zuerst das steife Eiweiß, dann auch die steif geschlagene Sahne vorsichtig unterheben, nicht rühren. Zum Schluss den Pumpernickel dazugeben und alles kalt stellen.

Ragout: Den Zucker in einer Pfanne karamellisieren lassen und mit Rotwein ablöschen. Nelke und Orangenscheibe dazugeben, kurz einkochen lassen und beides wieder entfernen. Mit Stärke abbinden. Den Fond über die Beeren geben und alles durch ein Sieb passieren.

Die Pumpernickelmousse mit dem Beerenragout anrichten.
Dazu passt gut ein Vanille- oder Quarkeis.

> Die Stärke rührt man am besten vorher in einer Tasse mit etwas Wasser oder Rotwein an. So bilden sich keine Klümpchen.

Harald Wohlfahrt

Deutschlands größtes gastronomisches Juwel funkelt seit 1992 mit der Strahlkraft dreier Michelin-Sterne. Für die „Schwarzwaldstube" im Hotel Traube Tonbach in Baiersbronn hat Harald Wohlfahrt als 37-Jähriger die begehrteste Restaurant-Auszeichnung der Branche erarbeitet und sie seitdem Jahr für Jahr verteidigt.

Mit 15 wusste der Badener, dass sein Platz im Berufsleben am Restaurant-Herd sein sollte. Heute gilt er als einer der renommiertesten Köche in Europa und darüber hinaus.

Mit atemberaubender Perfektion zelebriert der 58-Jährige die französische Hochküche, die Königsdisziplin der Kochkunst. Wie kein anderer deutscher Koch umschmeichelt von Superlativen, zeigt er sich stets gelassen und bescheiden. Dass der Eintopf-Klassiker „Gaisburger Marsch" zu seinen Lieblingsgerichten zählt, ist kein PR-Gag, sondern ehrliches Bekenntnis.

Die Förderung junger Talente ist ihm, der einst bei Eckart Witzigmann im Münchner „Tantris" Erfahrungen sammelte, ein großes Anliegen: Fünf aktuelle 3-Sterne-Köche deutscher Restaurants haben bei Harald Wohlfahrt gearbeitet.

Harald Wohlfahrt | Hotel Traube Tonbach
Tonbachstraße 237 | 72270 Baiersbronn-Tonbach
www.traube-tonbach.de

Carpaccio von der Roten Bete
mit Salat von Apfel, Meerrettich und Sellerie an Balsamico-Dressing

Zutaten für 4 Personen

Rote Bete und Knollensellerie:

1 Stück Knollensellerie

2 Stück Rote Bete
(alle mittelgroß)

Meersalz

80 g rohe Selleriestreifen

80 g Apfelstreifen, am besten von
Granny-Smith-Äpfeln

10 g frisch geschabter Meerrettich
etwas frischer Kerbel und
Schnittlauch

Vinaigrette:

20 ml Bete-Saft (lässt sich auch durch
Auspressen einiger kleiner gegarter Stücke
in der Knoblauchpresse gewinnen)

60 g Pinienkerne

20 ml Balsamicoessig

10 ml Olivenöl

20 ml Walnussöl

20 ml Distel- oder Pflanzenöl

Salz und Pfeffer aus der Mühle

Meersalz auf zwei Backbleche verteilen. Knollensellerie und Rote Bete getrennt auf das Salz legen und im 160 Grad heißen Backofen je nach Größe etwa eine Stunde garen. Öfter prüfen und unbedingt darauf achten, dass sie noch Biss haben. Danach abkühlen lassen, schälen und in dünne Scheiben schneiden.

Vinaigrette: Pinienkerne grob hacken und vorsichtig anrösten. Salz mit Essig und Rote-Bete-Saft verrühren. Die Essigmischung mit den Ölen und den Pinienkernen gut vermischen. Mit Pfeffer abschmecken.

Auf großen Tellern ein Teelöffel Dressing mit dem Pinsel verteilen. Darauf Rote-Bete- und Selleriescheiben dekorativ anrichten. Das Ganze mit dem Dressing beträufeln. Apfelstreifen, Selleriestreifen, geschabten Meerrettich vermischen und auf die Mitte anrichten. Mit den frischen Kräutern garnieren und servieren.

Beim Umgang mit der Roten Bete am besten Gummihandschuhe anziehen. Der Saft hinterlässt Spuren!

Gaisburger Marsch

Zutaten für 4 Personen

Rinderkraftbrühe:	Gemüseeinlagen:	Spätzle:	Markklößchen:
500 g Suppenknochen	4 Karotten	200 g Mehl	30 g Rindermark
500 g Suppenfleisch	80 g Lauch	5 Eigelb	30 g Weißbrotkrume
1 Stück Knollensellerie (klein)	80 g Sellerie	2 Eier	1 Ei
2 Karotten	80 g Zwiebeln	Salz, Pfeffer, Muskat	Petersilie, Salz,
1 Zwiebel	Petersilie,	etwas lauwarmes	Pfeffer, Muskat
Thymian, Petersilie,	Schnittlauch	Wasser	
Lorbeerblatt			

Brühe: Fleisch, Knochen, Gemüse in zwei Liter Wasser kalt aufsetzen und etwa zwei Stunden weich kochen. Dabei öfter den Schaum abschöpfen. Brühe durchseihen und leicht abwürzen. Karotte, Sellerie und Lauch in Rauten schneiden und eine halbe Stunde vor Ende der Kochzeit zugeben. Zwiebeln in feine Würfel schneiden, in Butter anschwitzen und zur Brühe geben. Fleisch entnehmen, in Würfel schneiden und ebenfalls zur Brühe hinzufügen.

Spätzle: Mehl mit den restlichen Zutaten zu einem glatten, geschmeidigen Teig schlagen. Von einem Brett in kochendes Wasser schaben und anschließend kurz in Eiswasser abkühlen.

Markklößchen: Frische Weißbrotkrume in dünne Scheiben schneiden, Eier darüber aufschlagen, Mark dazubröckeln und würzen. Ohne zu kneten vermengen. Mit der feinen Scheibe durch den Fleischwolf drehen, Petersilie zufügen, durchrühren und kalt stellen. Abgesteiften Teig mit Mehl zu Walzen formen, diese in Stücke schneiden. Stücke mit Mehl bestäuben. Klößchenteile zwischen den beiden Handflächen kreisend zu Kugeln formen. Auf einem gemehlten Blech ablegen und kühlen. In siedendem Salzwasser garen.

Weil Rindermark nicht überall problemlos zu bekommen ist: Markklößchen sind auch als TK-Ware erhältlich.

Zum Schluss Spätzle und Markklößchen zur Fleisch-Gemüse-Brühe geben und aufkochen lassen. Abschmecken und Petersilie und Schnittlauch unterziehen.

Apfelcrêpe mit Vanilleeis und Himbeersauce

Zutaten für 4 Personen

Crêpe:
150 g Mehl
1 ganzes Ei
3 Eidotter
¼ l Milch
⅛ l Schlagsahne
Salz
2 Äpfel (Granny Smith, Boskop)

Himbeersauce:
200 g Himbeeren (frisch oder TK)
40 g Puderzucker
je nach Geschmack:
Saft einer halben Zitrone

Tahiti-Vanilleeis:
150 g Milch
100 g Kokosmark (mit 20 % Zuckergehalt)
52,5 g Rohrzucker
1 g Stabilisator
1 Vanilleschote
60 g Eigelb

Crêpe: Alle Zutaten zu einem glatten Teig verrühren und mit Milch in die gewünschte Konsistenz bringen. Äpfel schälen und schneiden. Crêpeteig in die Pfanne geben, Apfelscheiben fächerartig auflegen. Den Teig drehen und die Äpfel durch Bestreuen mit Zucker karamellisieren.

Sauce: Die Zutaten mixen und anschließend passieren. Einige Himbeeren zum Garnieren aufbewahren.

Harald Wohlfahrts Patissier Pierre Lingelser stellt das Vanilleeis natürlich selbst her. Weil das aber sowohl eine gewisse Kunstfertigkeit als auch den Einsatz einer Eismaschine verlangt, empfiehlt er als Alternative ein gutes Vanilleeis aus dem Supermarkt.

Tahiti-Vanilleeis: Milch, Kokosmark, Zucker, Stabilisator und Eigelb bei 82 Grad erhitzen und das Eigelb unter ständigem Rühren zugeben, andicken lassen. Creme eine Nacht bei vier Grad ziehen lassen. In der Eismaschine einfrieren.

Register

Register

Rezeptverzeichnis

Vegetarisch

Dessert